SPARG

– königlicher Genuss

Auf kein Gemüse freut man sich so sehr wie auf den ersten Spargel des Jahres. Aber die heimische Saison ist kurz – von Mitte April bis zum Johannitag, dem 24. Juni. Ein Trost für alle Spargelfans: In der übrigen Zeit werden die edlen Stangen mittlerweile aus Südafrika und Südamerika importiert.

Am besten schmeckt natürlich frisch gestochener Spargel, der quietscht, wenn man zwei Stangen aneinander reibt. Muss er doch mal auf seinen Einsatz warten, wickeln Sie ihn in ein feuchtes Tuch und legen ihn ins Gemüsefach des Kühlschranks.

Spargel ist übrigens nicht nur lecker, sondern auch gesund – Vitamin A, C und fast alle Vitamine der B-Gruppe, Folsäure, Kalium, Zink, Kupfer, Eisen und jede Menge Ballaststoffe stecken darin. Viele gute Gründe also, öfter mal dazu zu greifen – und mit diesen abwechslungsreichen Rezeptideen ein Leichtes, Ihren Lieben stangenweisen Genuss immer wieder neu zu präsentieren!

SPARGEL MIT SAUCE HOLLANDAISE

➤ **Klassiker**

Die beliebteste Sauce zum Spargel

Zutaten für 4 Personen:

- *2 kg Spargel*
- *1 Bund Schnittlauch*
- *300 g Butter*
- *3 Eigelbe*
- *3 EL Weißwein (ersatzweise 2 EL Wasser + 1 EL Zitronensaft)*
- *Salz*
- *1 Msp. Cayennepfeffer*

ZUBEREITUNGSZEIT: 1 STD.
PRO PORTION ETWA: 2919 KJ/695 KCAL

1 Den Spargel vorbereiten und gar kochen (siehe Seite 18 und 19). Den Schnittlauch waschen, trockenschütteln und in feine Röllchen schneiden.

2 Inzwischen für die Sauce die Butter bei schwacher Hitze schmelzen lassen, dabei den sich bildenden Schaum abschöpfen. Die flüssige Butter muss ganz klar sein und goldgelb aussehen.

3 Die Eigelbe und den Weißwein in eine Metallschüssel geben. In einen zur Schüssel passenden Topf 3 cm hoch Wasser einfüllen und zum Kochen bringen. Die Schüssel in den Wasserdampf hängen und die Eigelbe mit dem Schneebesen etwa 3 Min. cremig schlagen. Sofort aus dem Dampf nehmen.

4 Die warme Butter zuerst tröpfchenweise, dann esslöffelweise unterrühren, bis die Sauce eine schaumig-cremige Konsistenz hat. Mit Salz und Cayennepfeffer würzen. Zum Servieren den Schnittlauch über den Spargel streuen und die Sauce in einer Sauciere dazu reichen.

! **VARIANTE:** Für eine **Kräuter-Hollandaise** 1 Bund gemischte Kräuter (z. B. Petersilie, Kerbel, Estragon, Schnittlauch) waschen, trockenschütteln, fein schneiden und in die fertige Sauce rühren. Für eine **Orangen-Hollandaise** statt des Weißweins 3 EL Orangensaft zum Aufschlagen verwenden und mit 1 TL abgeriebener Orangenschale und 1 TL Honig würzen. Für eine **Vanille-Hollandaise** 1 Vanillestange auskratzen, das Mark in die fertige Sauce rühren und leicht mit braunem Zucker süßen.

SPARGELRISOTTO MIT ERBSEN

➤ **Italienisches mit zartem Biss**

Lassen Sie Ihren Risotto nicht alleine, es lohnt sich.

Zutaten für 4 Personen:

- *800 g Spargel*
- *Salz*
- *1 Zwiebel*
- *2 EL Olivenöl*
- *500 g Risottoreis*
- *250 ml Weißwein (ersatzweise Spargelfond + 2 EL Zitronensaft)*
- *150 g TK-Erbsen*
- *Pfeffer*
- *2 EL Butter*
- *4 EL Parmesan, frisch gerieben*

ZUBEREITUNGSZEIT: 1 STD.
PRO PORTION ETWA: 2772 KJ/660 KCAL

1 Den Spargel vorbereiten (siehe Seite 18). Die Stangen in mundgerechte Stücke schneiden und in 2 l Salzwasser in etwa 3 Min. bissfest blanchieren, herausnehmen und zur Seite stellen. Die Spargelschalen ins Salzwasser geben und daraus einen Spargelfond kochen (siehe Seite 18). 1,5 l Spargelfond abmessen und heiß stellen.

2 Die Zwiebel schälen und fein würfeln. Das Olivenöl in einem Topf erhitzen und die Zwiebel darin glasig dünsten. Den Reis dazugeben und bei mittlerer Hitze etwa 2 Min. mitdünsten, bis dieser knistert. Mit Weißwein ablöschen und einkochen lassen. Etwa 500 ml heißen Spargelfond dazugießen, die Hitze reduzieren und etwa 15 Min. leise kochen lassen. Dabei oft umrühren und nach und nach den übrigen Spargelfond zugießen.

3 Den Spargel und die Erbsen unterrühren, pfeffern und nochmals etwa 5 Min. kochen lassen. Butter und Parmesan unterrühren und sofort servieren. Der Reis sollte noch Biss und der Risotto eine weiche, aber nicht flüssige Konsistenz haben.

VARIANTE: Für **Spargelrisotto mit Geflügelleber** den Risotto wie im Rezept oben beschrieben zubereiten. Inzwischen 400 g Geflügelleber putzen und in mundgerechte Stücke schneiden. 2 EL Butter in einer Pfanne erhitzen und die Leber darin bei mittlerer Hitze etwa 3 Min. anbraten. Mit Salz und Pfeffer würzen und zusammen mit dem Spargel und den Erbsen unter den Risotto mischen.

SPARGEL MIT NUDELN UND TOMATEN

➤ **mediterran gewürzt**

Nudeln machen glücklich.

Zutaten für 4 Personen:

- *800 g weißer Spargel*
- *250 g Kirschtomaten*
- *1 unbehandelte Zitrone*
- *4 Zweige Rosmarin*
- *Salz*
- *500 g Bandnudeln*
- *3 EL Olivenöl*
- *Pfeffer*
- *4 EL Parmesan, frisch gerieben*

ZUBEREITUNGSZEIT: 35 MIN.
PRO PORTION ETWA: 2520 KJ/600 KCAL

1 Den Spargel vorbereiten (siehe Seite 18) und in mundgerechte Stücke schneiden. Die Tomaten waschen und halbieren. Die Zitrone waschen und abtrocknen, die Schale fein abreiben und den Saft auspressen. Den Rosmarin waschen und trockenschütteln.

2 In einem großen Topf Wasser zum Kochen bringen. Salzen und die Nudeln darin nach Packungsanweisung bissfest kochen. Durch ein Sieb abgießen und dabei 4 EL Nudelwasser auffangen.

3 Inzwischen das Olivenöl im Wok oder einer großen Pfanne erhitzen. Den Spargel und die Rosmarinzweige darin bei mittlerer Hitze 5–10 Min. anbraten. Die Tomaten und die Zitronenschale dazugeben und etwa 2 Min. mitbraten. Mit Salz, Pfeffer und Zitronensaft würzen. Das Nudelwasser und die Nudeln unterrühren. Zum Servieren mit dem Parmesan bestreuen.

! **TIPPS:** Das Rezept lässt sich vielfältig abwandeln: Anstelle von weißem Spargel können Sie auch grünen verwenden (Vorbereitung siehe Seite 18), statt Bandnudeln schmecken auch Farfalle, Penne oder Rigatoni und den Rosmarin können Sie auch mal durch frischen Thymian ersetzen.

SPARGELCREMESUPPE

➤ **Klassiker**

Cremiger Auftakt zum Spargelessen

Zutaten für 4 Personen:

- *1 l Spargelfond (siehe Seite 18)*
- *1 Zwiebel*
- *3 EL Butter*
- *4 EL Mehl*
- *6 Stangen gekochter Spargel (siehe Seite 19)*
- *1 Bund Schnittlauch*
- *2 Eigelbe • 400 g Sahne*
- *Salz • Zucker*
- *Zitronensaft*

ZUBEREITUNGSZEIT: 35 MIN.
PRO PORTION ETWA: 2079 KJ/495 KCAL

1 Den Spargelfond etwas abkühlen lassen. Die Zwiebel schälen und fein würfeln.

2 Die Butter in einem Topf erhitzen und die Zwiebel darin glasig andünsten. Das Mehl dazugeben, gut verrühren und bei schwacher Hitze etwa 2 Min. anschwitzen, bis es schäumt. Den Spargelfond dazugießen und mit einem Schneebesen sorgfältig unterrühren. Die Suppe aufkochen und bei schwacher Hitze etwa 15 Min. kochen lassen.

3 Inzwischen den Spargel in mundgerechte Stücke schneiden. Den Schnittlauch waschen, trockenschütteln und in Röllchen schneiden. Die Eigelbe mit 100 ml Sahne verquirlen und beiseite stellen. Die übrige Sahne zur Suppe geben und 1 Min. kochen lassen. Mit Salz, Zucker und Zitronensaft abschmecken.

4 Den Spargel in die Suppe geben. Von der Suppe etwa 250 ml abschöpfen und mit der Eigelb-Sahne-Mischung verrühren. Unter die Suppe rühren und nicht mehr kochen lassen. Zum Servieren mit dem Schnittlauch bestreuen.

! **VARIANTE:** Für eine **Spargelsuppe mit Avocado** 800 ml Spargelfond aufkochen lassen. 2 Avocados schälen und den Kern entfernen. Das Avocadofleisch mit 2 EL Limettensaft pürieren. 300 g Crème fraîche in den Spargelfond rühren und 1 Min. kochen lassen. Das Avocadopüree und 150 g Crevetten (nach Belieben) in die Suppe rühren, nicht mehr kochen lassen und mit Salz und Cayennepfeffer würzen. Sofort servieren.

SPARGEL MIT GARNELEN

➤ **exotisch**

Edle Zutaten, spannend gewürzt

Zutaten für 4 Personen:

- *2 Stängel Zitronengras (Asienladen)*
- *3 cm frischer Galgant (Asienladen, ersatzweise Ingwer)*
- *2 TL Fischsauce*
- *1 EL Currypulver*
- *700 g Riesengarnelen (roh, geschält)*
- *1 kg Spargel (weiß oder grün)*
- *2 rote Chilischoten*
- *1 EL Öl*
- *1 EL Sesamöl*
- *100 ml helle Sojasauce*

ZUBEREITUNGSZEIT: 45 MIN.
MARINIERZEIT: 1 STD.
PRO PORTION ETWA: 1071 KJ/255 KCAL

1 Für die Marinade das Zitronengras waschen und den Galgant schälen, beides sehr fein schneiden. Mit 1 TL Fischsauce und dem Currypulver im Mörser zu einer Paste verarbeiten oder auf dem Brett mit dem Messer hacken und mischen.

2 Die Garnelen waschen und mit Küchenpapier abtrocknen. Mit der vorbereiteten Marinade mischen und 1 Std. im Kühlschrank durchziehen lassen. Inzwischen den Spargel vorbereiten (siehe Seite 18) und in mundgerechte Stücke schneiden. Die Chilischoten waschen, entkernen und in feine Ringe schneiden.

3 Das Öl im Wok oder einer großen Pfanne erhitzen und die Garnelen darin bei großer Hitze etwa 3 Min. scharf anbraten, herausnehmen und warm stellen. Spargel und Chilis hineingeben und unter ständigem Rühren etwa 5 Min. braten. Mit restlicher Fischsauce, Sesamöl und Sojasauce würzen und mit den Garnelen servieren.

! **VARIANTE:** Für **Spargel mit Hühnerspießen** die Marinade und den Spargel wie im Rezept beschrieben zubereiten. Anstelle der Riesengarnelen 700 g Hähnchenbrustfilet in mundgerechte Würfel schneiden, marinieren, auf Holzspieße stecken und wie im Rezept beschrieben braten.

GEBACKENER SPARGEL MIT DIPS

➤ **knuspriges Fingerfood**

Ideal als Snack oder Vorspeise

Für 4 Personen:

Für den Senf-Dip:

100 g Mayonnaise • 100 g Joghurt

1 EL Senf (nach Belieben auch mehr)

Salz • Pfeffer

Für das Kopfsalat-Pesto:

1/4 Kopfsalat • 50 g Parmesan

Saft von 1/2 Zitrone

1 EL Pinienkerne

50 ml Olivenöl • Salz • Pfeffer

Für das Erdbeerchutney:

100 g Erdbeeren

1/2 Bund Koriander

100 g Mangochutney (aus dem Glas)

Für den Spargel:

500 g grüner Spargel • 200 g Mehl

250 ml Bier (ersatzweise Milch)

1 TL Mohn, möglichst gemahlen

Salz • Öl zum Frittieren

ZUBEREITUNGSZEIT: 55 MIN.
PRO PORTION ETWA: 3570 KJ/850 KCAL

1 Für den Senf-Dip die Mayonnaise mit dem Joghurt und dem Senf verrühren und mit Salz und Pfeffer würzen. Für das Kopfsalat-Pesto den Salat waschen und abtropfen lassen. Den Parmesan zerbröckeln. Salat, Parmesan, Zitronensaft, Pinienkerne und Olivenöl im Mixer pürieren, salzen und pfeffern. Für das Erdbeerchutney die Erdbeeren waschen, putzen und mit einer Gabel zerdrücken. Den Koriander waschen, trockenschütteln und die Blättchen abzupfen. Das Mangochutney mit den Erdbeeren und den Korianderblättchen verrühren.

2 Den Spargel vorbereiten (siehe Seite18) und in mundgerechte Stücke schneiden. Das Mehl mit dem Bier, dem Mohn und 1 Prise Salz zu einem zähflüssigen Teig verrühren.

3 Zum Frittieren Öl in der Fritteuse oder einem Topf erhitzen. Die Spargelstücke durch den Teig ziehen und portionsweise im heißen Öl in etwa 3 Min. knusprig ausbacken. Mit einem Schaumlöffel herausnehmen und auf Küchenpapier abtropfen lassen. Mit den Dips – heiß oder zimmerwarm – servieren.

SPARGEL-CURRYSUPPE

➤ **scharf**

Exotik zum Löffeln

Zutaten für 4 Personen:

- *500 g grüner Spargel*
- *1 rote Paprikaschote*
- *1 Bund Frühlingszwiebeln*
- *3 Kaffirlimettenblätter*
- *1 Bund Koriander*
- *2 EL Öl*
- *1 EL grüne Thai-Currypaste (Asienladen)*
- *200 ml Spargelfond (siehe Seite 18, ersatzweise Gemüsebrühe)*
- *2 Dosen Kokosmilch (à 400 ml)*
- *1 EL Fischsauce*

ZUBEREITUNGSZEIT: 35 MIN.
PRO PORTION ETWA: 1722 KJ/410 KCAL

1 Den Spargel vorbereiten (siehe Seite 18) und in mundgerechte Stücke schneiden. Die Paprikaschote waschen, putzen und in feine Streifen schneiden. Die Frühlingszwiebeln putzen, waschen und in Stücke schneiden. Die Kaffirlimettenblätter waschen und in sehr feine Streifen schneiden. Den Koriander waschen und trockenschütteln, die Blättchen abzupfen.

2 In einem Topf 1 EL Öl erhitzen. Die Currypaste einrühren und bei mittlerer Hitze etwa 2 Min. anrösten. Mit dem Spargelfond aufgießen und etwa 10 Min. kochen lassen. Die Kokosmilch dazugeben und wieder zum Kochen bringen. Mit Fischsauce würzen und die Hitze reduzieren.

3 Inzwischen das übrige Öl im Wok oder in einer großen Pfanne erhitzen. Spargel, Frühlingszwiebeln und Paprikaschote darin bei großer Hitze und unter ständigem Rühren etwa 3 Min. scharf anbraten. Zusammen mit den Zitronenblättern in die Suppe geben und nochmals aufkochen lassen. Die Korianderblättchen vor dem Servieren über die Suppe streuen.

! **TIPP:** Zu dieser exotischen Spargelsuppe passt gut frisch frittiertes **Krabbenbrot**: Pro Person 4–8 Krabbenchips (Krupuk, aus dem Asienladen) in der Fritteuse oder einem Topf in heißem Öl in 10–20 Sek. knusprig ausbacken. Auf Küchenpapier abtropfen lassen und zur Suppe servieren.

Sortenvielfalt

1 Weißer Spargel schmeckt fein aromatisch und leicht bitter. Kräftiger und würziger ist der mit violetten Köpfen. Grüner Spargel hat einen frischen, dem Brokkoli ähnlichen Geschmack.

2 Weißer Spargel wird in verschiedenen Handelsklassen angeboten, die beste zeichnet sich durch dicke Stangen von gleichmäßigem Wuchs aus, die einfachste ist Bruch- oder Suppenspargel.

Spargel vorbereiten

1 Den Spargel waschen. Mit einem Schäler von oben nach unten schälen. Holzige Enden abschneiden. Weißen Spargel ganz (Spitzen aussparen), grünen nur im unteren Drittel schälen.

2 Für Spargelfond die weißen Schalen in das Kochwasser des weißen Spargels geben und etwa 30 Min. bei schwacher Hitze kochen lassen. Durch ein Sieb abgießen und weiterverwenden.

Spargel kochen

1 Weißer Spargel für 4: 3 l Wasser, je 2 EL Salz und Zucker, 1/2 unbehandelte Zitrone in Scheiben und 1 EL Butter aufkochen. 2 kg Spargel darin bei kleiner Hitze 15–25 Min. kochen lassen.

2 Grüner Spargel für 4: 3 l Wasser mit 2 EL Salz aufkochen, 1–1,5 kg Spargel darin 5–10 Min. bei schwacher Hitze kochen lassen. Sofort heiß servieren oder zum Weiterverarbeiten eiskalt abschrecken.

Aus dem Backofen

1 Spargel in der Folie für 4: 4 Stücke Alufolie doppelt falten, jeweils 500 g Spargel, Salz, Zucker und je 1 EL Butter darüber geben. Zu Päckchen falten. Bei 200° (Umluft 180°) 40–50 Min. backen.

2 Spargel für viele: Pro Person 500 g Spargel, Salz, Zucker, 1 EL Butter und 1 Zitronenscheibe auf ein tiefes Blech geben. Wasser angießen, mit Alufolie abdecken. Bei 200° 45–55 Min. backen.

Neue Kartoffeln

1 kg neue, möglichst gleich große Kartoffeln • 1 EL Salz • 1 TL Kümmel

Die Kartoffeln mit einer Bürste gründlich waschen. In einen Topf geben und knapp mit Wasser bedecken. Salz und Kümmel dazugeben, aufkochen lassen und bei schwacher Hitze zugedeckt in 20–30 Min. weich kochen. Mit einem spitzen Messer in die Kartoffeln stechen und testen, ob sie schon weich sind. Abgießen, etwas ausdampfen lassen und nach Belieben pellen oder mit Schale servieren.

Kräuteromelette

1 Bund Schnittlauch • 1/2 Bund Kerbel • 1/2 Bund Petersilie • 1 Kästchen Kresse • 8 Eier • 100 g Sahne • Salz • Pfeffer • 4 TL Butter

Schnittlauch, Kerbel und Petersilie waschen, trockenschütteln und fein hacken. Die Kresse abschneiden. Die Eier mit der Sahne verquirlen, die Kräuter unterziehen und mit Salz und Pfeffer würzen. 1 TL Butter in einer Pfanne erhitzen und ein Viertel der Eiermischung hineingießen, bei schwacher Hitze stocken lassen (nicht umrühren!). Das fertige Omelette zusammenklappen und aus der Pfanne auf einen Teller schieben. So nacheinander vier Omelettes backen.

Schinkenplatte

600 g Schinken, 4 verschiedene Sorten:
1 gekochter Schinken (z. B. Prager)
1 roher Schinken (z. B. Schwarzwälder)
1 luftgetrockneter Schinken (z. B. Parma oder Serrano) und 1 Geflügel- oder Rinderschinken (z. B. Putenbrust)

Die verschiedenen Schinkensorten zusammen auf einer Platte anrichten, dabei nach Belieben zu Rosetten oder Röllchen drehen. Bis zum Servieren mit Folie abgedeckt in den Kühlschrank stellen. Wer es gerne bunt und vitaminreich mag, garniert die Schinkenplatte noch mit frischen Kräutern wie Petersilie, Schnittlauch oder Kresse und kleinen Kirschtomaten.

Gebeizter Lachs

2 Nelken • 2 Lorbeerblätter • 1 TL Pfefferkörner • 1 TL Wacholderbeeren • 1 TL Senfkörner • 150 g Salz • 3 EL Zucker • 600 g Lachsfilet • 1 Bund Dill

Nelken, Lorbeerblätter, Pfefferkörner, Wacholderbeeren und Senfkörner im Mörser zerstoßen (oder mit einem Messer zerdrücken), mit Salz und Zucker mischen. Den Lachs rundherum mit der Mischung bedecken, 12 Std. im Kühlschrank beizen lassen. Den Dill waschen, trockenschütteln und hacken. Den Lachs kalt abwaschen und abtrocknen. Die Oberseite mit Dill bestreuen, nochmals 1 Std. durchziehen lassen. Zum Servieren in sehr dünne Scheiben schneiden.

SPARGEL-SCHINKEN-GRATIN

➤ **gut vorzubereiten**

Spargel und Schinken – ein ideales Paar.

Zutaten für 4 Personen:

- *1 kg Spargel, weiß und grün*
- *150 g gekochten Schinken*
- *150 g Gouda*
- *1 Zwiebel*
- *1 EL Butter*
- *100 ml Weißwein (ersatzweise Spargelfond + 1 EL Zitronensaft)*
- *100 ml Spargelfond (ersatzweise Gemüsebrühe)*
- *200 g Sahne*
- *1 TL Speisestärke*
- *Salz • Pfeffer*

ZUBEREITUNGSZEIT: 1 STD.
BACKZEIT: 15–20 MIN.
PRO PORTION ETWA: 1827 KJ/435 KCAL

1 Den Spargel vorbereiten und gar kochen (siehe Seite 18 und 19). Den Backofen auf 220° (Umluft 200°) vorheizen oder den Grill einschalten. Den Schinken in Streifen schneiden und den Gouda reiben.

2 Die Zwiebel schälen und fein würfeln. Die Butter in einem Topf erhitzen, die Zwiebel darin glasig dünsten. Mit dem Weißwein ablöschen und einkochen lassen. Mit dem Spargelfond und der Sahne aufgießen und bei schwacher Hitze etwa 3 Min. kochen lassen. Inzwischen die Speisestärke mit 1 EL kaltem Wasser anrühren, dazugeben und noch 1 Min. kochen lassen. Mit Salz und Pfeffer würzen.

3 Den Spargel in eine ofenfeste Form legen, den Schinken darauf verteilen und mit der Sauce übergießen. Den Käse darüber streuen und im heißen Ofen (Mitte) in 15–20 Min. goldbraun überbacken.

! **VARIANTE:** Für ein schnelles **Grünes Spargelgratin** 1 kg grünen Spargel vorbereiten, garen (siehe Seite 18 und 19) und warm in eine ofenfeste Auflaufform legen. 3 EL Butter schmelzen, mit je 80 g Semmelbröseln und frisch geriebenem Parmesan mischen und darüber verteilen. Bei 220° im vorgeheizten Backofen (Mitte, Umluft 200°) oder unter dem Grill 10–15 Min. goldbraun überbacken.

SPARGELSALAT MIT PFEFFERSCHNITZEL

➤ **für Gäste**

Pfefferschnitzel schmeckt jedem!

Zutaten für 4 Personen:

Für den Salat:

1 kg Spargel

400 ml heißer Spargelfond

6 EL milder Weißweinessig

6 EL Öl • Salz

1 Kästchen Kresse

Für die Schnitzel:

6 Scheiben Toastbrot

1 EL getrocknete rote Pfefferkörner

1 EL eingelegte grüne Pfefferkörner (aus dem Glas)

600 g Kalbsschnitzel

Salz • Pfeffer

2 Eier • 4 EL Mehl

Öl zum Braten

ZUBEREITUNGSZEIT: 1 STD.
MARINIERZEIT: 1 STD.
PRO PORTION ETWA: 2457 KJ/585 KCAL

1 Für den Salat den Spargel vorbereiten, gar kochen und einen Spargelfond herstellen (siehe Seite 18 und 19). Die Stangen mit dem Fond, Essig und Öl übergießen, mit Salz würzen und 1 Std. durchziehen lassen.

2 Inzwischen für die Schnitzel vom Toastbrot die Rinde abschneiden. Das Brot in der Küchenmaschine oder mit der Gemüsereibe zu Bröseln zerkleinern und mit den roten und grünen Pfefferkörnern mischen.

3 Die Schnitzel dünn klopfen und mit Salz und Pfeffer würzen. Die Eier verquirlen. Die Schnitzel zuerst im Mehl wenden, abklopfen, durchs Ei ziehen und zum Schluss mit den Pfeffer-Bröseln panieren.

4 Reichlich Öl in einer großen Pfanne erhitzen und die Schnitzel darin bei mittlerer Hitze von jeder Seite in etwa 5 Min. goldbraun braten. Die Kresse vom Beet schneiden und über den Spargelsalat streuen, zusammen mit den Schnitzeln servieren.

!

TIPPS: Der Spargelsalat lässt sich gut auch bereits am Vortag vorbereiten. Die Pfefferschnitzel schmecken auch aus Schweine-, Puten- oder Hähnchenfleisch.

SPARGEL MIT REH, KAFFEE UND CHILI

➤ **außergewöhnlich**

Raffiniert edle Aromenkomposition für Festtage

Zutaten für 4 Personen:

- *800 g Spargel*
- *2 rote Chilischoten*
- *1 unbehandelte Orange*
- *1 EL Kaffeebohnen*
- *800 g Rehfilet*
- *Salz • Pfeffer*
- *2 EL Öl*
- *250 ml Wildfond (aus dem Glas)*
- *2 EL Butter*
- *1 EL Zucker*

ZUBEREITUNGSZEIT: 1 STD.
BRATZEIT: 20 MIN.
PRO PORTION ETWA: 2100 KJ/500 KCAL

1 Den Backofen auf 200° (Umluft 180°) vorheizen. Den Spargel vorbereiten (siehe Seite 18) und in feine Scheiben schneiden.

2 Die Chilischoten waschen, putzen und in feine Ringe schneiden. Die Orange heiß abwaschen, die Schale abreiben und den Saft auspressen. Die Kaffeebohnen im Mörser zerstoßen oder auf dem Brett mit einem Messer zerdrücken.

3 Das Rehfilet in vier Portionen schneiden und mit Salz und Pfeffer würzen. Das Öl in einer großen Pfanne erhitzen und das Fleisch von allen Seiten scharf anbraten. In eine ofenfeste Form legen und im heißen Ofen (Mitte) 10–20 Min. braten. Den Wildfond in die Pfanne gießen und bei starker Hitze auf die Hälfte einkochen lassen. Das Fleisch aus dem Ofen nehmen, 3 Min. ruhen lassen und in dicke Scheiben schneiden.

4 Inzwischen Butter, Zucker und Orangensaft in einem Topf aufkochen lassen. Den Spargel hineingeben und darin in etwa 5 Min. glasieren. Mit Orangenschale, Kaffee, Chili und Salz würzen. Den Spargel zusammen mit dem Rehfilet und der Wildfondsauce auf vorgewärmten Tellern anrichten.

TIPPS: Der raffiniert gewürzte Spargel harmoniert auch gut mit Entenbrust.

LACHS-SPARGEL-QUICHE

➤ **lecker cremig und saftig**

Feines Hauptgericht für 4 oder aparte Vorspeise für 8 Personen

Für eine Springform mit 28 cm Ø:

- *1 Packung TK-Blätterteig (450 g)*
- *1 kg Spargel*
- *Salz*
- *400 g frisches Lachsfilet*
- *Pfeffer*
- *1 Bund Dill*
- *4 Eier*
- *400 g Sahne*
- *1 EL Speisestärke*
- *1 Msp. frisch geriebene Muskatnuss*
- *Backpapier für die Form*

ZUBEREITUNGSZEIT: 50 MIN.
BACKZEIT: 40–50 MIN.
BEI 4 PORTIONEN PRO PORTION ETWA:
4494 KJ/1070 KCAL
BEI 8 PORTIONEN PRO POTION ETWA:
2247 KJ/535 KCAL

1 Den Blätterteig auftauen lassen und den Backofen auf 200° vorheizen.

2 Inzwischen den Spargel vorbereiten (siehe Seite 18) und in mundgerechte Stücke schneiden. Salzwasser zum Kochen bringen und den Spargel darin in etwa 3 Min. bissfest garen. Herausnehmen und in einem Sieb abtropfen lassen.

3 Das Lachsfilet in mundgerechte Stücke schneiden, mit Salz und Pfeffer würzen. Den Dill waschen, trockenschütteln, die Spitzen abzupfen und fein hacken.

4 Die Springform mit Backpapier auslegen und mit dem Blätterteig auskleiden: Dazu die Blätterteigscheiben etwas überlappend einlegen und an den Nahtstellen zusammendrücken, einen 4 cm hohen Rand formen. Den Spargel mit Lachs und Dill vermischen und auf dem Teig verteilen.

5 Die Eier mit der Sahne und der Speisestärke verquirlen, mit Salz, Pfeffer und Muskat würzen und über die Füllung gießen. Im Ofen (unten, Umluft 180°) in 40–50 Min. goldbraun backen.

ERDBEER-SPARGEL-SALAT

➤ frisch

Zutaten für 4 Personen:

- *500 g Spargel*
- *200 g Erdbeeren*
- *1/2 Bund Sauerampfer*
- *Salz • Pfeffer*
- *4 EL milder Weißweinessig*
- *4 EL Öl*

ZUBEREITUNGSZEIT: 25 MIN.
MARINIERZEIT: 15 MIN.
PRO PORTION ETWA: 525 KJ/125 KCAL

1 Den Spargel vorbereiten (siehe Seite 18), die rohen Stangen schräg in sehr feine Scheiben schneiden.

2 Die Erdbeeren waschen, putzen und je nach Größe halbieren oder vierteln. Den Sauerampfer waschen, trockenschütteln und die Blätter fein schneiden. Den Spargel mit den Erdbeeren und dem Sauerampfer mischen.

3 Für die Salatsauce Salz, Pfeffer, Essig und Öl verrühren und vorsichtig untermischen. Den Salat vor dem Servieren 15 Min. durchziehen lassen.

KARTOFFEL-SPARGEL-SALAT

➤ als Beilage

Zutaten für 4 Personen:

- *600 g fest kochende Kartoffeln*
- *Salz • 400 g grüner Spargel*
- *2 Bund Rucola*
- *150–200 ml heißer Spargelfond (ersatzweise Gemüsebrühe)*
- *Pfeffer • 1 EL Senf*
- *5 EL milder Weißweinessig • 5 EL Olivenöl*

ZUBEREITUNGSZEIT: 50 MIN.
MARINIERZEIT: 20 MIN.
PRO PORTION ETWA: 1008 KJ/240 KCAL

1 Die Kartoffeln waschen und in Salzwasser in 20–30 Min. gar kochen. Abgießen, pellen und in 1 cm dicke Scheiben schneiden.

2 Inzwischen den Spargel vorbereiten und gar kochen (siehe Seite 18 und 19). Die Stangen in mundgerechte Stücke schneiden. Den Rucola waschen und trockenschütteln, harte Stiele entfernen.

3 Kartoffeln und Spargel mischen und mit Spargelfond übergießen. Salz, Pfeffer, Senf, Essig und Öl dazugeben und untermischen. Den Salat 20 Min. marinieren lassen. Vor dem Servieren den Rucola unterheben.

SCHOKOLADENCREME MIT SPARGEL

➤ **für Gäste**

Zutaten für 4 Personen:

- *150 g dunkle Kuvertüre*
- *400 g Crème fraîche*
- *400 g Erdbeeren*
- *2 Stangen Spargel*

ZUBEREITUNGSZEIT: 25 MIN.
KÜHLZEIT: 2 STD.
PRO PORTION ETWA: 2520 KJ/600 KCAL

1 Die Kuvertüre grob zerkleinern. Die Crème fraîche unter ständigem Rühren erhitzen. Die Kuvertüre dazugeben und rühren, bis sie sich vollständig aufgelöst hat. Die Schokoladencreme in Gläser oder Schälchen füllen und für 2 Std. kalt stellen.

2 Inzwischen die Erdbeeren waschen, putzen und je nach Größe halbieren oder vierteln. Den Spargel vorbereiten (siehe Seite 18) und mit einem Sparschäler in sehr dünne Streifen schneiden.

3 Erdbeeren und Spargelstreifen auf der Schokoladencreme dekorativ anrichten und sofort servieren.

SPARGEL MIT ZIMTSCHAUM

➤ **leicht**

Zutaten für 4 Personen:

- *4 Stangen Spargel*
- *3 EL Puderzucker*
- *1 EL Zitronensaft*
- *4 Eigelbe • 150 ml Weißwein*
- *1/2 TL Zimtpulver*

ZUBEREITUNGSZEIT: 25 MIN.
PRO PORTION ETWA: 546 KJ/130 KCAL

1 Den Backofen auf 250° vorheizen oder den Grill einschalten. Den Spargel vorbereiten (siehe Seite 18). Die Stangen in sehr feine Scheiben schneiden, mit 1 EL Puderzucker und dem Zitronensaft marinieren und auf vier feuerfeste Teller verteilen.

2 Eigelbe, Weißwein, Zimt und restlichen Puderzucker in eine Metallschüssel geben. In einem zur Schüssel passenden Topf 3 cm hoch Wasser zum Kochen bringen. Das Ei im Wasserbad mit dem Schneebesen in etwa 3 Min. cremig aufschlagen.

3 Die schaumige Masse über den Spargel verteilen. Im heißen Ofen (Mitte) oder unter dem Grill etwa 5 Min. überbacken, bis die Oberfläche goldbraun ist.